AF278649

# DE L'ÉTAT

DE SON ROLE

DANS

## LA SOCIÉTÉ DÉMOCRATIQUE

PAR

### E.-H. FREEMAN

**5 centimes.**

### PARIS

LIBRAIRIE DÉMOCRATIQUE

33, RUE MONTMARTRE, 33

1872

# DE L'ÉTAT

## DE SON RÔLE

### DANS

## LA SOCIÉTÉ DÉMOCRATIQUE

Avant d'entrer en matière pour examiner ce que doit être le rôle de l'Etat dans une société démocratique, il convient de définir d'abord ce que nous entendons par la Démocratie, ce que nous entendons par l'Etat.

La Démocratie est ce système de gouvernement qui tient ses pouvoirs directement d'une nation libre, et qui les exerce dans l'intérêt de tous, sans distinction de classes; c'est le gouvernement auquel tous et chacun participent à un titre quelconque; celui qui garantit le mieux à l'homme, par l'égalité devant la loi, l'exercice de tous ses droits civils et politiques, c'est-à-dire de sa liberté. Ce gouvernement est l'expression la plus complète de la justice; il est trop conforme aux données de la raison pour ne pas devoir être considéré comme celui que l'avenir réserve à toutes les sociétés qui avanceront en civilisation.

Dans un gouvernement de monarchie absolue, l'Etat se confond presque avec le monarque : sous une monarchie constitutionnelle, il comprend les différents pouvoirs qui dirigent la nation : dans une démocratie bien réglée, l'Etat, c'est à proprement parler l'universalité des citoyens, puisque la souveraineté nationale réside en eux et que tous prennent part au gouvernement du pays, plus ou moins directement, soit comme mandataires, soit comme mandants.

Mais nous devons envisager l'Etat à un point de vue plus restreint dans la question qui nous occupe, et nous appellerons de ce nom l'ensemble des pouvoirs publics, le gouvernement, c'est-à-dire le pouvoir législatif qui rédige les lois, et le pouvoir exécutif qui est chargé de les appliquer et de diriger l'administration générale du pays. Pour éviter toute confusion nous appellerons plus particulièrement celui-ci « pouvoir central ; » c'est lui qui petit à petit est parvenu à enserrer la France dans cet immense réseau, à mailles étroites, qu'on nomme la centralisation. C'est surtout le rôle de ce pouvoir que nous nous proposons d'étudier.

Qu'est-ce que la centralisation?

Un homme qui a pris part à l'administration du pays comme député, comme préfet, comme conseiller d'Etat, comme ministre, et dont le nom est resté justement honoré, M. Vivien, se demandait :

« Quels sont les attributs nécessaires du pou-

« voir central et dans quelle mesure il doit en
« jouir? »

Et il constatait que :

« Les gouvernements étant principalement
« institués dans un double but : la protection
« nationale et le maintien de l'ordre...

« Dans les Etats où le gouvernement n'est pas
« armé des pouvoirs nécessaires pour l'accom-
« plir, il n'y a point de gouvernement. »

Comparant les deux systèmes qui sont en
présence, M. Vivien s'exprime ainsi :

« L'un subordonne les citoyens à l'adminis-
« tration; il charge celle-ci d'autoriser ou d'in-
« terdire l'exercice des droits privés ; il ne laisse
« aux particuliers la faculté de faire certains
« actes, d'ouvrir certains établissements, de se
« livrer à telle ou telle profession qu'avec la per-
« mission de l'autorité publique. Par ce moyen,
« dit-on, le maintien de l'ordre est assuré. Le
« gouvernement, appréciateur impartial et
« éclairé, pèse les circonstances, impose des
« conditions, mesure le mérite et les garanties
« morales et prévient les écarts qui seraient de
« nature à troubler la société.

« L'autre, au contraire, s'en remettant aux ci-
« toyens trace à l'avance les devoirs qui lui sont
« prescrits ; il les soumet également à des condi-
« tions, mais ces conditions sont réglées en termes
« généraux et non pour chaque cas spécial et pour
« chaque individu. Quiconque les enfreint en-

« court les peines édictées à l'avance par la
« loi.

« Le premier de ces systèmes, entièrement
« préventif, a pour conséquence d'augmenter
« les attributions du pouvoir public, c'est-à-dire
« la centralisation, *quand les pouvoirs locaux*
« *inspirent à l'état les mêmes défiances que les*
« *citoyens pris individuellement.*

« Le second système, purement répressif, a
« seulement recours à l'autorité judiciaire. Le
« gouvernement peut encore intervenir pour
« exercer la surveillance et déférer à la justice
« les infractions qu'elle doit punir, mais il n'est
« investi d'aucune puissance propre et directe.

« Entre ces deux systèmes, le choix ne saurait
« être douteux. Le second seul satisfait à la li-
« berté, à la dignité de l'homme. Que devien-
« draient les citoyens dépourvus du droit d'exer-
« cer leurs facultés et assujetis en tant de choses
« au bon plaisir du gouvernement ? *On pourrait*
« *même demander si, dans un Etat où un tel ré-*
« *gime est très-développé, il y a encore des ci-*
« *toyens.* »

De ces deux systèmes, un seul, le second,
était rationnel ; c'est l'autre que la France se
laissa imposer et qu'il faut réformer à tout prix
aujourd'hui.

Nous avons dit ce qu'est la centralisation en
France : poussée à un tel degré, c'est du commu-
nisme et du despotisme tout à la fois. Un pareil
système, qui prive l'homme de sa liberté et le

réduit à l'état de machine, est jugé par le bon sens et la morale, quelle que puisse être d'ailleurs la grandeur du but qu'on se propose. Vainement on parle d'ordre et de salut social ; l'ordre n'est d'un si grand prix dans une société qu'autant qu'il résulte du concours des volontés libres. Lors même que, par son action universelle et constante, l'Etat arriverait à faire une société bien ordonnée, puissante, matériellement heureuse, ce système n'aboutirait pas moins à une dégradation de l'homme, instinctivement condamnée par la conscience. Or, l'Etat, qui devrait pouvoir tout pour la liberté, la moralité, l'éducation, le bonheur des individus, ne devrait pouvoir rien pour les asservir, les corrompre, les abrutir. Il n'a aucun droit contre les droits de l'homme, qui sont inviolables, et dans l'individu isolé, et dans la société tout entière, car l'Etat est fait pour la société, la société n'est pas faite pour l'Etat

Tout le monde, sauf ceux qui ont un intérêt direct à son maintien, reconnaît aujourd'hui la nécessité de décentraliser l'administration en France, de réduire les attributions de l'Etat ; la divergence commence quand il s'agit des limites dans lesquelles ces attributions doivent être réduites. On reconnaît bien l'impossibilité de supprimer tel ou tel élément du problème politique, on est d'accord sur la nécessité de les concilier dans une mesure convenable, mais c'est précisément sur cette mesure que commence le désaccord. Comment déterminer la juste part de l'individu, de la commune, du département et de l'Etat dans le phénomène si complexé de l'économie sociale? A quel signe certain reconnaître ce qui est l'œuvre de l'Etat, du département, de la commune, de l'individu, de ce qui est affaire publique ou privée? Tant que la ligne de démarcation n'aura pas été tracée, la confusion sera bien facile et l'usurpation inévitable; c'est donc cette démarcation qu'il faut établir nettement; nous sommes d'avis qu'on y arrivera naturellement si l'on veut prendre pour *criterium* la liberté. Bien des actes de l'individu intéressent à certains égards la commune; beaucoup d'actes de la commune touchent à l'intérêt général; ce n'est pas un motif suffisant pour confier les premiers à l'action de la commune, les seconds à l'action de l'Etat, si, dans l'un comme dans l'autre cas, la liberté générale n'est pas lésée, et si l'individu et la commune peuvent les faire aussi bien que l'Etat. On peut dire d'abord que la chose sera probablement mieux faite par les individus que par le gouvernement. Généralement parlant, il n'y a de gens capables de conduire une affaire ou de décider comment et par qui elle sera mieux conduite, que ceux qui y ont un intérêt personnel. Ce principe condamne l'intervention si fréquente autrefois de la législation ou des fonctionnaires du gouvernement dans les opérations ordinaires de l'industrie.

Dans un grand nombre de cas, quoique la moyenne des individus ne soit peut-être pas en état de faire une chose donnée aussi bien que les fonctionnaires du gouvernement, il est désirable néanmoins, nous ne saurions trop le dire, que cette chose soit accomplie par les individus plutôt que par le gouvernement. C'est un moyen de faire leur éducation et d'exercer leur jugement.

La raison la plus puissante, pour restreindre l'intervention du gouvernement, est le mal extrême qu'il y a à augmenter sa puissance sans nécessité. Toute fonction ajoutée à celle qu'exerce déjà le gouvernement, répand d'avantage son influence, et transforme de plus en plus la portion active et ambitieuse du public en portion dépendante du gouvernement, ou des partis qui visent à devenir le gouvernement. Si les corporations municipales et les conseils locaux, avec toutes leurs attributions, devenaient autant de branches de l'administration centrale, si les employés de toutes les grandes entreprises particulières, chemins de fer, banques, etc., étaient nommés et payés par le gouvernement, et n'attendaient que de lui leur avancement, toute la liberté de la presse et la constitution la plus populaire de la législature, n'empêcheraient pas un pays de n'être libre que de nom. Et plus le mécanisme administratif est construit d'une façon efficace et savante, plus les arrangements pour se procurer les mains et les têtes les plus capables de le faire marcher sont ingénieux, plus le mal est grand.

Il est heureux que la position d'employé à vie de l'Etat n'offre pas une perspective suffisante d'émoluments et d'importance pour attirer les talents les plus élevés, qui trouveront toujours à mieux faire leur chemin, soit dans les professions libérales, soit au service des grandes compagnies et de l'industrie privée ; dans le cas, en effet, où le gouvernement pourrait les attirer à son service, ce résultat serait bien fait pour inspirer de l'inquiétude. Si toute cette besogne d'une société qui exige une organisation concertée, des vues larges et compréhensives, était entre les mains de l'Etat, et si tous les emplois du gouvernement étaient occupés par les hommes les plus capables, toute la culture d'esprit, toute l'intelligence exercée du pays serait concentrée en une bureaucratie nombreuse de laquelle le reste de la communauté attendrait tout, la direction et l'impulsion pour les masses, l'avancement personnel pour les hommes intelligents et ambitieux. Etre admis dans les rangs de cette bureaucratie, et une fois admis s'y élever, seraient les seuls objets d'ambition.

Sous ce régime, non-seulement le public extérieur n'est pas capable de modérer le rôle d'action de la bureaucratie ; mais même si les accidents des institutions despotiques, ou la marche naturelle des institutions populaires donnent au pays un chef ou des chefs portés aux réformes, il ne peut s'en effectuer aucune qui soit contraire aux intérêts de la bureaucratie.

Qu'arrive-t-il alors?

Le public, accoutumé à attendre que l'Etat fasse tout pour lui, ou du moins à ne rien faire de lui-même sans que l'Etat lui en ait, non-seulement accordé la permission, mais indiqué les procédés, le public tient naturellement l'Etat pour responsable de tout ce qui lui arrive de fâcheux, et si sa patience se lasse un jour, il se soulève contre le gouvernement et fait une révolution; sur quoi quelqu'un, avec ou sans l'aveu de la nation, s'empare du pouvoir, donne ses ordres à la bureaucratie, et tout marche à peu près comme devant, la bureaucratie n'étant pas changée et personne ne pouvant prendre sa place.

Tout autre est le spectacle qu'offre une nation accoutumée à faire elle-même ses propres affaires. Prenez les Américains, par exemple, retirez-leur leur gouvernement? — Toute congrégation de citoyens pourra en organiser un sur le champ, et conduire telle ou telle affaire publique avec un degré suffisant d'intelligence, d'ordre et de décision.

C'est ainsi que devrait être tout peuple libre, et un peuple capable de se conduire de cette façon est assuré d'être libre; il ne se laissera jamais asservir par un homme ou par aucun corps, sous prétexte que ceux-ci sont seuls capables de tenir ou manier les rênes de l'administration centrale. Aucune bureaucratie ne peut espérer de contraindre un tel peuple à faire ou à subir ce qui ne lui plait pas. Mais là où la bureaucratie fait tout, rien ne peut être fait de ce à quoi elle est réellement hostile. La constitution de semblables pays est une organisation de l'expérience et de l'habileté pratique de la nation en un corps discipliné, destiné à gouverner le reste ; et, plus cette organisation est parfaite en elle-même, mieux elle réussit à attirer à elle et à former pour elle tous les talents de la communauté, plus l'asservissement de tous, y compris les membres de la bureaucratie, est complet. Car les gouvernants sont aussi bien les esclaves de leur organisation et de leur discipline que les gouvernés sont les esclaves des gouvernants. Un jésuite est dans toute la force du terme l'esclave de son ordre, quoique l'ordre lui-même existe par le pouvoir collectif et l'importance de ses membres.

Il ne faut pas oublier non plus que l'absorption de tous les talents du pays par le corps gouvernant est fatale tôt ou tard à l'activité et au progrès intellectuel de ce corps lui-même, qui est constamment tenté de s'endormir dans une indolente routine, et pour que cette tendance puisse être tenue en échec, il faut que ce corps soit exposé à une critique extérieure, vigilante et habile. C'est pourquoi il est indispensable que des talents puissent se former en dehors de l'Etat avec les occasions et l'expérience nécessaires pour juger sainement les grandes affaires prae- tiques. Si nous voulons posséder un corps de fonctionnaires habiles, capables de bons services et par dessus tout susceptibles de créer le progrès et disposés à l'adopter, il ne faut pas que ce corps absorbe toutes les occupations qui forment et augmentent les facultés nécessaires pour le gouvernement des hommes.

C'est une des questions les plus difficiles et les plus compliquées que de dire, où les maux qui résultent d'une trop grande concentration de pouvoirs, commencent à l'emporter sur le bien qu'on peut attendre des forces libres de la société. Un savant publiciste anglais, pense qu'au point de vue pratique, le principe de salut, l'idéal à ne pas perdre de vue, pour surmonter la difficulté, peut s'exprimer ainsi : « la plus grande dissémination de pouvoir, la plus grande concentration d'information, aussi répandue que possible du centre à la circonférence. »

M. John Stuart Mill voudrait que, dans chaque département des affaires locales, il y eût une surintendance centrale, formant une branche du gouvernement général, concentrant toute la variété d'information et d'expérience tirée de la direction de cette branche des affaires dans toutes les localités, et de ce qui se passe d'analogue dans les pays étrangers; et des principes généraux de la science politique. Cet organe central aurait le droit de savoir tout ce qui se fait, et son devoir spécial serait de rendre utile partout l'expérience acquise dans un lieu déterminé.

Un gouvernement ne peut, en effet, avoir

trop de cette sorte d'activité qui n'arrête pas, mais qui aide et stimule le développement individuel. Le mal commence quand, au lieu d'éveiller l'activité et les forces des individus et des êtres collectifs, le gouvernement substitue sa propre activité à la leur ; lorsqu'au lieu de les instruire, de les conseiller, il les soumet, les enchaîne au travail, ou leur commande de s'effacer et fait leur besogne à leur place.

La valeur d'un Etat à la longue, c'est la valeur des individus qui le composent ; et un État qui préfère à l'expansion et à l'élévation intellectuelle des individus un semblant d'habileté administrative dans le détail des affaires ; un État qui rapetisse les hommes afin qu'ils puissent être entre ses mains les instruments dociles de ses projets, s'apercevra qu'on ne peut faire de grandes choses avec de petits hommes, et que la perfection du mécanisme, à laquelle il a tant sacrifié, finira par ne lui servir de rien, faute du pouvoir vital, qu'il lui a plu de proscrire pour faciliter le jeu de la machine.

Deux systèmes principaux, deux conceptions radicalement différentes sur les fonctions et les devoirs de l'Etat sont en présence : d'un côté, l'école autoritaire pour qui l'Etat est un savant mécanisme dont il importe avant tout d'assurer le fonctionement régulier et parfait, afin de lui faire produire le plus d'effets possibles : de l'autre côté, l'école libérale pour qui l'Etat est simplement chargé de représenter le pays à l'extérieur, de garantir à l'intérieur l'ordre et la liberté, puis de constituer et de maintenir le milieu dans lequel chaque individu se développe librement.

Nous demandons que le rôle de l'État soit d'abord ramené à ce qui constitue la partie la plus noble de sa mission : garantir et stimuler partout et chez tous l'exercice des facultés individuelles et de la liberté;

Nous voulons qu'il assure, autant qu'il le peut, les avantages d'une centralisation politique et intellectuelle, sans détourner dans les voies officielles, une trop grande portion de l'activité;

Que toute liberté administrative, dans la plus large acception du mot, soit laissée aux communes et aux départements; de telle sorte qu'ils puissent faire directement et sans intervention de l'État, tous les actes qui n'affectent pas l'intérêt général, et que, dans tous les cas douteux, s'il y en a, le doute soit interprété en leur faveur;

Que les Conseils départementaux règlent les affaires et les différends que les Conseils communaux ne peuvent régler seuls;

Que l'Assemblée nationale, planant au-dessus de ces conseils, statue sur les affaires et les différends que les Conseils départementaux ne peuvent régler seuls;

Que le pouvoir exécutif, subordonné au pouvoir législatif, dont il doit être une émanation, et devant lequel il est responsable, soit déchargé de tout ce qui est relatif à l'administration communale et départementale;

Qu'il soit chargé seulement, comme le veut la stricte justice, et sous le contrôle de l'Assemblée nationale, de l'Administration générale du pays, comprenant : la représentation à l'extérieur, l'armée, la police générale, les travaux publics, autres que ceux qui sont purement communaux ou départementaux ; les postes; les télégraphes; les finances générales ; les douanes; la direction supérieure de l'instruction publique, autant que cette direction est compatible avec la liberté de l'enseignement.

Ainsi limité, le rôle du pouvoir central sera encore immense. Semblable au volant qui emmagasine la force d'une machine à vapeur et en règle l'emploi, il lui appartiendra de donner une impulsion morale à toutes les forces vives du pays, de les guider, de les développer, afin de les mettre à même de s'exercer en toute liberté.

PARIS. — IMP. VICTOR GOUPY, RUE GARANCIÈRE,

www.ingramcontent.com/pod-product-compliance
Lightning Source LLC
Chambersburg PA
CBHW071702030726
47598CB00005B/2191